Lyrische Pausen in Schiefkrummhausen, Band 2

Christine Küchel | Dorothea van Briel

Liebe Familie Klein,

wir wünschen Euch ganz viel
Freude mit diesem Buch!

Christine Küchel
&
Dorothea van Briel

Apr. '23

Lyrische Pausen

in Schiefkrummhausen

Band 2

Christine Küchel | Dorothea van Briel

© Christine Küchel und Dorothea van Briel, www.dalinsali.de

Herstellung und Verlag: BoD – Books on Demand, Norderstedt

Entwurf und Realisation: Christine Küchel

Gedichte: Dorothea van Briel

Umschlaggestaltung: Dipl.-Komm.-Des. (FH) Sandra Nußer

ISBN 9783756860494

Bibliografische Information der Deutschen Nationalbibliothek: Die Deutsche Nationalbibliothek verzeichnet diese Publikation in der Deutschen Nationalbibliografie; detaillierte bibliografische Daten sind im Internet über dnb.dnb.de abrufbar.

Vorwort

Vielleicht fragst du dich, warum es so lange dauerte, bis wir diesen Band präsentieren. Denn, dass da etwas folgen musste, war klar – na ja, für uns jedenfalls. Christine arbeitete seit 2020 unentwegt in atemberaubendem Tempo weiter für die Schiefkrummhausen-Gemeinde. So wie die Anzahl der Einwohner wuchs, nahmen auch stetig die Vorlagen und auch Themengruppen zu. Damit gab es nun einen riesigen Fundus an Themen für neue kleine Gedichte.

Der Grund lag also nicht im Mangel an Ideen oder an Untätigkeit. Im Gegenteil. Die Lösung ist, wie so oft im Leben, naheliegend: Es sollten noch bessere Gedichte werden und wir wollten dir nicht die Qual der Wahl zwischen Buch und Kalender auferlegen.

Du merkst sicher, wir nehmen uns nicht so ernst. Dieses „Coffee-Table-Book" soll dich zum Schmunzeln bringen. Gedichte und Bilder sind schräg, manchmal asymmetrisch und das ist gut so.

Lass ab von Plänen und Stress. Das hier ist Yoga in Schiefkrummhausen – hier musst du dich nicht verbiegen – außer vielleicht vor Lachen.

Herzlichst Deine Dorothea

Erstklassige schiefe Welt

Wie hast du es so schnell erreicht,

dass nichts mehr dem Davor noch gleicht?

Symmetrie war einst die Krone,

doch heute leb' ich lieber ohne.

Ob Probe, Premium oder Technik

bei SKH ist alles prächtig.

Sei's maritim, tierisch verspielt,

wenn weihnachtlich nach Schräg-sein schielt,

wird SchiefGRIMMhausen riesengroß

und Profis belegen auch famos,

was unverhofft passieren kann:

Passion erfasst uns dann und wann,

macht glücklich ohne einzuengen

Schiefkrummhausen lässt sich nicht verdrängen.

Du bist der schiefste Ort der Welt,

Wo man sich auch an Pausen hält.

Die Erde

Einsam und allein im All

kreist ein strahlend blauer Ball,

dort leben Wesen ohne Zahl

sie alle haben keine Wahl.

Ihr Daheim ist diese Welt,

auch wenn es einigen missfällt.

Zusammenhalt ist das, was zählt!

Das Ufo

Spock, Kirk, Lea, Luke und Han,

die Avengers waren auch schon dran.

Sogar der kleine Drache Kokosnuss

weiß, der Weltraum ist ein Muss.

Gagarin, Gerst, Armstrong oder Miller

keiner war ein Lückenfüller.

Sie flogen ganz in echt ins All,

sogar auf dem Mond war einer mal.

Ob sich das lohnt ist schnell gecheckt,

frag den Kleinen im unbekannten Flugobjekt.

Haus 1

Heute ist das Wetter schön,

die Sonne lacht vom Firmament.

Du meinst, ich soll nach draußen geh'n.

Die Sonne lacht nicht, nein sie brennt.

Ich sag, das hab' ich wohl verpasst,

bin ich doch drin im 1. Haus,

nähe waldgrünen Damast

und schau' zum Werkstattfenster raus.

Haus 2

Das ist das Haus vom Himbeer-Claus,

der schaut nicht oft zum Fenster raus.

Sein grüner Daumen ist bekannt,

seit Jahren schon im ganzen Land.

Himbeerbüsche und Tomaten

wachsen in dem schönen Garten.

16

Die Patchworkerin

Ihr großes Hobby ist das Nähen!

Das kann doch selbst ein Blinder sehen.

Stück um Stück erschafft sie hier,

ein Meisterwerk in Patchmanier.

Kein Stoffstückchen ist ihr zu klein,

ja alles will behalten sein.

Viel Zeit und Liebe find'st du in

der Arbeit der Patchworkerin.

Die Nähmaschine

Als Kind saß ich bei Oma mal,

vor einem Tisch mit Fußpedal.

Was soll denn dieses Rad bezwecken?

Es sollte meine Neugier wecken.

Vor meinen Augen wohl versteckt,

blieb's Wichtigste noch unentdeckt.

Mithilfe des geübten Griffes,

schwebt aus der Platte dieses Tisches

schwarz glänzend, filigran bemalt mit Ranken…

Die Nähmaschine und beflügelt die Gedanken.

Das Bügeleisen

Schneider Böck fällt von der Brücke in den Fluss.

Danach kommt das, was kommen muss:

Er friert und leidet fürchterlich.

Zum Einsatz kommt, du wunderst dich,

das Bügeleisen heiß und schwer.

Die Wärme kam von Kohlen her.

Oftmals stand es auf dem Ofen,

aufgeheizt und stets bereit

zum Glätten, Plätten, jederzeit.

Das Telefon

„Hallo, hallo kannst du mich hören?

Ich würde eigentlich nicht stören.

Der Sachverhalt ist höchst prekär,

er macht die Störung sekundär."

Und was nun folgt ist ein Sermon,

wortreich gebrüllt ins Telefon.

Wenn das Gehörte mir missfällt,

dann sage ich nur knapp: „Verwählt!"

Der Fernseher

Glotze, Kasten, Flimmerkiste,

la Télé, Television,

live dabei auf jeder Piste,

Dalli, dalli um Millionen

Es ist wahr, die Welt ist bunt.

Sie erstrahlt vor unsren Augen.

Läuft es auch manchmal nicht rund,

es wird besser, ganz bestimmt,

dies Möbel schafft, dass wir es glauben.

26

Das Radio

„Mach leiser!" gellt der Ruf durchs Haus.

„Am besten ist, du machst gleich aus!"

Doch ich für mich bin ein Rebell,

geh' zum Gerät hin und ich stell',

es just einfach noch lauter ein. –

Der andere darf sich heiser schrei'n.

Block genäht von Dorothea van Briel

Der Cocktail

Prost, wir sitzen jetzt am Strand.

Ein Glas mit Schirmchen in der Hand.

Auf's neue Jahr, das feiern wir,

leben doch im Jetzt und Hier.

Und ob Balkon oder Gartenlaube,

ist nicht wichtig, denn ich glaube,

das was wir gemeinsam tun,

hilft uns sehr beim „In-sich-ruh'n".

Die Insel

Diese Palme ist ein Traum,

sie ist ein ganz besonderer Baum!

An ihr wachsen Kokosnüsse

und im Winter Schokoküsse.

Der Leuchtturm

Ja schon vor langen Jahren,

ist der Mensch zur See gefahren.

Sterne, Kompass und Sextant

sind dem Kapitän bekannt.

Denn ohne sie, sind wir mal ehrlich,

ist Navigation mithin gefährlich.

34

Das Wasserrad

Lustig plätschert klar ein Quell,

aus dem Berg ins Tal und schnell

wird aus dem Rinnsal von hoch oben,

ein Strom mit Kraft dann unten toben.

Der Müller und der Schmied sie richten

ein Rad an dem Gewässer ein,

es soll Naturgewalten schlichten,

fortan ein steter Helfer sein.

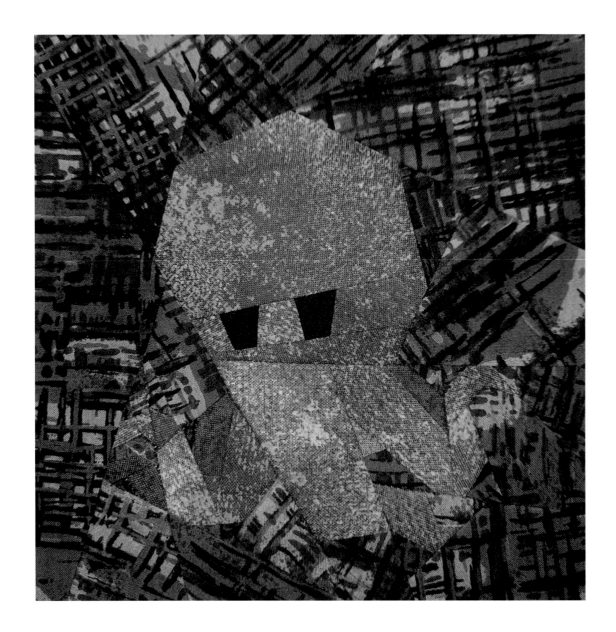

Der Oktopus

Weit unten in den Meeren unserer Welt,

wo nur ein Blinken das Dunkel erhellt,

dort in der Tiefsee gut versteckt,

habe ich ihn gerade entdeckt.

Mit einer Vielzahl von Armen bestückt,

hat sich seine Beute bisher selten verdrückt.

Ein Schutzschild aus Tinte sorgt für Verdruss,

zum Glück beim Verfolger des Oktopus.

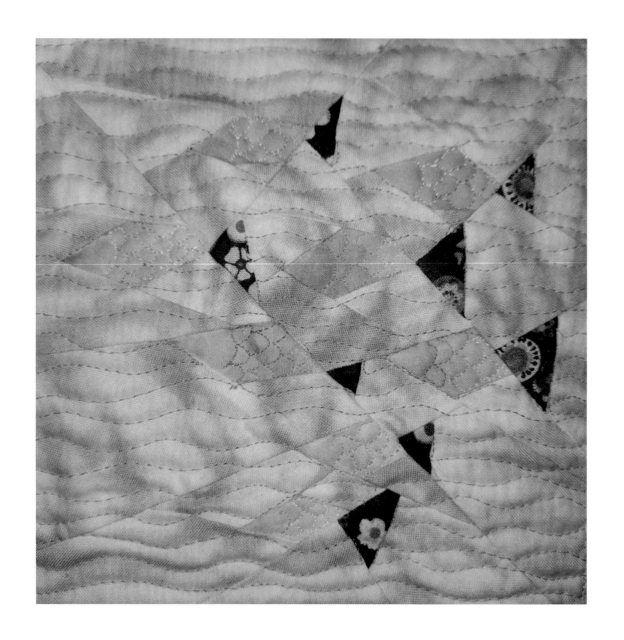

Der Fischschwarm

Ein Schwarm schwimmt froh im Sonnenlicht,

wenn das Licht sich glitzernd bricht,

wird dem Betrachter sicher klar,

Mutter Natur ist und war,

Erfinderin von Kunst und Wonne.

So klein die Fische vielleicht sind,

Schutz hat hier jeder, auch stets das Kind.

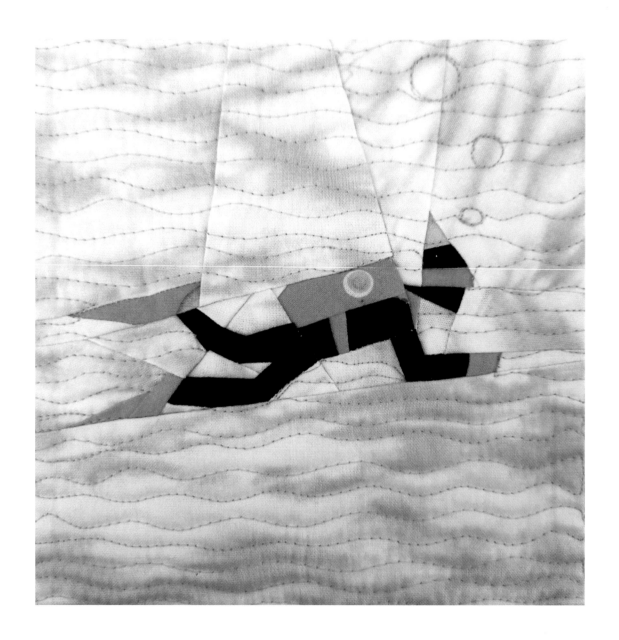

Die Taucherin

Ein schönes Hobby neben Nähen,

ist Fische aus der Nähe sehen.

Hier unten gibt es buntes Leben,

Mantas die vorüber schweben.

Haie, die fast alles fressen

und eines darf ich nicht vergessen:

Reizvoller wird jeder Mann,

wenn er mal nicht reden kann.

Der Müllmann

Buongiorno Angelo,

tutto è pronto per te!

In der Tonne die Pomelo,

genau wie Kamillentee.

So viel Zeug nimmst du mit und beklagst dich auch nicht,

Wenn der Hausmüll einmal, olfaktorisch besticht.

Block genäht von Karin Zint

Die Ampel

Heute fahre ich mal Rad,

weil ich das immer gerne tat.

Das Lichtsignal es ändert sich,

es springt auf ROT, so halte ich.

Wie schön, ein Päuschen – unverhofft,

Zeit auszuruhn, das gibt's nicht oft.

So fremdbestimmt und doch ganz frei,

Gedanken reisen eins, zwei, drei

nach London, Rom oder ins Tessin…

egal wohin, zurück bei GRÜN.

Die Küchenwaage

Ich wage die Prognose

hier landen Dextrose und Fruktose.

Fürs Backen ist sie wesentlich,

denn stets nicht nur gelegentlich,

zeigt die Waage Mengen an,

die der Bäcker nehmen kann.

Die Seilbahn

Ist der Berg besonders steil,

fahren wir auf einem Seil.

An diesem Seil hängt ein Abteil,

drin können wir gemütlich sitzen

und unterhalten uns mit Witzen.

Der Wanderer draußen, der muss schwitzen.

Die Draisine

Teamwork heißt das Zauberwort,

denn nur zu zweit bewegt man sie fort.

Der Erste drückt den Hebel runter,

dann wird das Gefährt schon munter.

Der Zweite verfährt grad ebenso,

die Räder drehen sich, wir sind froh.

Ohne Motor fährt auf der Schiene,

dies Fahrzeug, genannt Draisine.

Der Wohnwagen

Im Leben ist der Weg das Ziel!

Wer das versteht, der braucht nicht viel.

Wenn sie naht, die Ferienzeit,

ist so mancher gern bereit,

sich auf das Wagnis einzulassen,

den Überfluss zu Haus zu lassen.

Fein und klein, doch gut bestückt,

wird hier eng zusamm'gerückt.

Der Spieleabend, viele Essen,

nichts hiervon werden wir vergessen.

Wie schön das ist, kann man kaum sagen:

Familienurlaub im Wohnwagen.

Der Roller

Was ihr hier nun vor euch seht,

was Mancher technisch gut versteht,

ist ein wirklich wundervoller

bunt bemalter, alter Roller.

Und weil er brummt, wie ein Insekt,

war der Name bald entdeckt.

Die Wespe sauste so ratz fatz,

vorbei am alten Campingplatz.

Denn wichtig schien vor allen Dingen,

das Tempo höher rauf zu bringen.

Der Camper war meist sehr empört,

weil das Gebrumm beim Schlafen stört.

Das Brautpaar

Er sagt ja, und sie sagt ja

Ich will – ich auch

Verliebt, ganz klar.

So kennen wir den Brauch

und freuen uns auch,

auf diesen Tag der Tage.

Es wird geplant, gebastelt, gekauft.

Zwischenzeitlich werden die Haare gerauft.

Den Strauß, das Kleid, die Ringe und so.

Doch denkt dran, ihr Lieben: heute seid ihr froh!

Wenn alles geschafft ist sogar mit Foto,

ist die Torte verdrückt, die Braut ausgelöst,

der Vetter sitzt auf dem Bänkchen und döst.

Jetzt beginnt, was ihr beide ersehnt:

Das Leben als Paar – ich hab's nur erwähnt.

Musik in SKH

Was ein echtes Dorf will sein,

hat auch 'nen Musikverein!

Auch SKH muss nicht weinen,

denn hier gibt es jetzt auch einen!

Die ersten Musiker sind gebeten,

Zieh'n ein, mit Pauken und Trompeten.

Blöcke genäht von Karin Zint und Laura Gebauer

Die Pianistin

„Lang, kurz, kurz, lang"

Solcherart geht ihr Gesang.

„Hände exakt in Position,

jetzt triffst du fraglos jeden Ton.

Nun übe den Abschnitt immer wieder

und du lernst rasch ganz viele Lieder."

Indes auch sie übt Tag für Tag,

Nicht nur, weil sie es so mag.

Denn gibt sie selbst ein Konzert,

schätzt man sie als Virtuosin wert.

Die Bauchtänzerin

Schleier verhüllen ihre Gestalt.

Münzen erklingen, wenn sie sich bewegt.

Ihr Tanz ist bekannt, Jahrhunderte alt.

Er hat die Geschichte des Orients geprägt.

Wenn sie erscheint, schweigt jeder im Raum.

Zimbeln und Flöten ertönen fortan.

1001 Nacht heißt der Traum,

zieht mitreißend uns in den Bann.

Die Friseurin

Sie sagt uns, was wir hören wollen,

denn das ist ihr Beruf.

Schneidet dünne Haare, wie die vollen

„Sieht heiß aus! Du hast den Groove."

Will ich so schön sein, wie auf dem Plakat,

dann atmet sie erst einmal aus.

Sie lächelt und hat eine Antwort parat,

doch was sie denkt, lässt sie nicht raus.

Die Schere huscht fleißig hin und dann her,

Farbtiegel stehen bereit,

Wenn's gut wird, na klar, dann freu' ich mich sehr.

Komm wieder nach kürzester Zeit.

Der Affe

Ben und auch der kleine Jo

gehen gerne in den Zoo.

Ob Köln, Duisburg, Bern, Berlin,

Stuttgart oder Wien.

Immer gibt es mittendrin

prominent und attraktiv

den Affenfelsen oder das -haus.

Hier fragt man sich intuitiv:

Wer schaut rein und wer hinaus?

Unseren beiden Jo und Ben

ist die Antwort schlicht egal.

Ihre Augen leuchten, denn

der Affenzirkus ist phänomenal.

Das Kamel

Zu Butter wird hier nicht die Sahne,

nur langsam schwankt die Karawane.

Ein Sturm zieht auf, doch die Kamele

stört es nicht, wenn ich mich quäle.

Trotz Turban zwickt der Sand wie wild.

Die Wüstenschiffe bleiben gechillt.

Perfekt gerüstet für die Tour

starren sie, was hast du nur?

Sahara klang daheim exotisch,

in Wahrheit fühl ich mich idiotisch.

70

Die Krähe

„Grüß dich" ruft der Hahn zur Krähe

„Was dagegen, wenn ich krähe?"

„Ach was," sagt da das Rabentier,

„Fühl dich frei und zeig es mir"

Der Gockel schon in Positur,

fragt sich nicht, ob Moll ob Dur,

setzt an, doch kein „Kikeriki"

verlässt den Hals vom Federvieh.

Indes entfährt der Krähe krächzend,

ein spottend „Kra! Und mein Lieber,

Plagt dich vielleicht das Lampenfieber?"

Das Pferd

Fury, Wendy oder Ri

Kleiner Donner heißen sie.

Sie wiehern, schlagen aus und nicken,

den Bösen können sie auch zwicken.

Und Mister Ed sprach, war er nicht schlau?

Dank des großen Kopfes – genau.

74

Der Direktor

Herr Krummhaupt ist ein Direktor.

Wer das nicht glaubt, kriegt eins aufs Ohr.

Er ist, man kann es hier auch sehen,

fair und will auch meist verstehen,

was Mathelehrer und auch -innen,

Sportlehrer draußen genau wie drinnen,

der Schülerschaft in groß und klein,

beibringen kann

und wann

das Unterfangen leider in die Binsen geht,

weil der Empfänger es nicht versteht.

Die Lehrerin

So liebe Kinder, gebt fein acht,

ich hab' euch etwas mitgebracht.

Im Alphabet an achter Stelle,

zählt mal alle auf die Schnelle,

steht das H wie Henriette,

Haus, Hof, Hase und Halskette.

Herrlich, heiße Hühnerbrühe.

Sicher fällt euch mehr noch ein!

Jeder gibt sich richtig Mühe,

denn Hanswurst will keiner sein.

Block genäht von Dorothea van Briel

Der Schultag

Täglich geht das Kind zur Schule,

sitzt dort unruhig auf dem Stuhle,

hört gut zu und hebt die Hand,

wenn die Antwort ist bekannt.

Geht der Morgen dann zu Ende,

stopft es rasch und behände,

alles in den Rucksack rein

und hüpft fröhlich pfeifend heim.

Die Buchstaben

A: Alexander aß also einen Apfel am Abend als auch Anton anfing alte Autos auszuschlachten.

B: Bieber Berta bibbert bitter bei Brunhildes braunem Bier.

C: Clown Clemens cancelt chinesische Chemiestunden.

D: Das Dromedar Dietmar denkt dauernd, dass die Decke durchbricht.

E: Ente Eduard entdeckte einst eine elfenbeinfarbene Erbse.

F: Fritzchen foppt freudig Franz für freundliche Fernsehstunden.

G: Gitta Giebelstein goss gestern gelbe Grütze, genau gegen Georgs grüne Galoschen.

H: Hallo Henry, hast du heute Hilfe nötig? Hi Hans, habe deine hinreichend hinreißenden Hinweise herbeigesehnt.

I: Igel Ilias isst immer im Laubhaufen irgendein Essen mit „I".

J: Ja, Jaromir juckt jäh jedesmal janz jemein et Jesäß.

K: Kein Kind kann knusprigen Kuchen konsequent komplett ignorieren.

L: Leo Lausemops liebt Legos liebliche Luxuslackierung, leider leidet er logisch an Lärmbelastung.

M: Mutti macht manchmal mehrere Muffins… mmmmh!

N: Norbert näht nun Neun Nähte! Nackenhaarsträubend!
Neulich nach den Nachrichten nuckelte Nadine noch nachdenklich am neunten Zeh.

O: Öh! Ohne Otto's ordentliches Ohr, öffnet Olga offenbar öfter Olivenöl.

P: Peter, Paul und Perry poltern durch die Prärie, probieren Punsch und Pflanzen. Passt prostet Papa.

Q: Qualle Quisel quasselt querbeet beim Querfeldeinlauf.

R: Ralf das rasende Rüsselschwein rudert den Rhein rauf und runter.

S: Sandra, Susi sowie Sophie singen superlaut sehr schöne Songs.

T: Tante Thea tunkt total teilnahmslos traumhafte Teeplätzchen täglich tugendhaft in teure Teetassen.

U: Urs us Unterseen het hyt unheimlich urgewaltigen Unsinn usseglah.

V: Vater, Vetter Vogel, Vieh, Veilchen, Volk, vergess' ich nie. Vor und ver und viel und vier, von und voll, das merk' ich mir.

W: Wer will wieder Wildlederstiefel und Wigwams wahrnehmen? -Winnetou.

X: Xeit xestern xann Xaver xein Xylophon xielen.

Y: Yvar yberlegte ybelst lange. Yvonne ybte ybrigens yberhaupt nicht ;).

Z: Zigby das Zebra zieht zügig an der Zigarette – ziemlich zeitgemäß.

Schneewittchen

Hinter den Sieben Bergen

bei den sieben Zwergen,

da wollte sich Schneewittchen verstecken.

Die Hexe konnte sie trotzdem entdecken.

Der dritte Anlauf schaffte was,

die Schöne lag nun hinter Glas.

Zum Glück für sie fand sich bald,

ein Prinz zu Ross im Zwergenwald.

Beim opulenten Hochzeitsfest

besorgt der „Heiße Tanz" den Rest.

Bremer Stadtmusikanten

Vier haben sich zusammengetan:

ein Esel, ein Hund, eine Katze, ein Hahn.

Alt und allein wollten sie nicht sein,

gemeinsam nach Bremen gingen sie querfeldein

Ein Räuberhaus im Wald versteckt,

hatte der Hahn vom Baum aus entdeckt.

Drin zechten dunkle Gesellen beim üppigen Mahl,

die Kapelle hatte keine andere Wahl.

So musizierten alle nach eigener Art zugleich

und eroberten damit ihr eigenes Reich.

Der Liegestuhl

Wellenrauschen, Sand und Meer,

so schön kann Leben sein.

Ich liege hier und freu' mich sehr,

endlich bin ich allein.

Die Sonne wärmt bis in die Seele.

Zufrieden, dass ich bin.

Und wenn ich mich im Alltag quäle,

geht die Phantasiereise hier hin.

Danke

Schiefkrummhausen ist inzwischen kein kleines Dorf mehr, sondern eine heranwachsende kleine Stadt! Von meinen Mitbewohnern bzw. –nähern werde ich liebevoll „die Oberbürgermeisterin" genannt. Vielen Dank für diesen Titel! Ich nehme die Wahl gern an!

Große Verantwortung und viel Arbeit sind damit verbunden, diese muss verteilt werden, so auch das Probenähen. Oft komme ich inzwischen gar nicht mehr dazu, einen Block das erste Mal selbst zu nähen. Aus diesem Grund gibt es eine Entwickler-Gruppe in Schiefkrummhausen. Vielen Dank an euch, so können die Vorlagen um einiges schneller veröffentlicht werden!

Die Idee zum Zweit-Buch wurde direkt nach dem ersten Band geboren. Meine Schwester Dorothea schrieb weiterhin aus Spaß Gedichte zu jedem von ihr genähten Block und präsentierte diese in den unterschiedlichen Themenbereichen. Hier wurde dann auch der Ruf nach einer Fortsetzung immer lauter. Vielen herzlichen Dank dafür, dass wir auch dieses Buch „einfach mal so zwischendurch" zusammenstellen konnten! Nur mit ihr war das machbar!

Für die Gestaltung des Buchumschlags möchte ich auch hier wieder Sandra danken. So eine unkomplizierte Zusammenarbeit kann man sich wirklich nur mit ihr vorstellen!

Meiner Familie, meinen Kindern und meinem Mann möchte ich natürlich auch noch Danke sagen. Seit Schiefkrummhausen das Licht der Welt erblickt hat, gehen sie diesen Weg mit mir, auch wenn er nicht gerade läuft!

In eigener Sache

Diese lustigen kleinen Blöcke gibt es natürlich auch zum Nachnähen! Die Vorlagen zum Nähen auf Papier sind alle durch Einheitsgrößen miteinander kombinierbar.

Die Blöcke befinden sich in bisher folgenden 10 Themenbereichen:

1. Schiefkrummhausen, Premium (über 60 Vorlagen rund um ein Dorf)
2. Tierwelt von Schiefkrummhausen (über 30 Vorlagen)
3. Technik in Schiefkrummhausen (über 30 Vorlagen)
4. Maritimes Schiefkrummhausen (über 30 Vorlagen)
5. Weihnachten in Schiefkrummhausen (über 30 Vorlagen)
6. SchiefGRIMMhausen (15 Vorlagen zu Grimms Märchen)
7. Profis in Schiefkrummhausen (30 Vorlagen)
8. Schiefkrummhausen, erstklassig (36 Vorlagen mit Zahlen und Buchstaben)
9. Musik in Schiefkrummhausen (bald 30 Vorlagen)
10. Sternzeichen aus Schiefkrummhausen (nur als Papier-Kalender bei mir erhältlich)

Ich würde mich freuen, dich in Schiefkrummhausen begrüßen zu dürfen! Weitere Informationen und Kontakt zu mir findest du hier:

Homepage: www.dalinsali.de
Facebook: www.facebook.com/DalinSali
Instagram: www.instagram.com/dalinsali_christine
YouTube: www.youtube.com/DalinSali

Deine Christine Küchel